1

SCHWARZ
und
WEISS
texte von pit vogt

Design & Layout: P I T
Alle Texte sind frei erfunden

<u>Impressum</u>

Herstellung und Verlag:
BoD - Books on Demand, Norderstedt
ISBN 978-3-7460-6892-3

Schwarz und Weiß
Des Menschen Welte
All das Leben
Weiß und Schwarz
Mal mit Wärme
Mal mit Kälte
Doch wohl
Wie des Baumes Harz

Schwarz und Weiß
Die vielen Worte
Die man spricht
Und die man denkt
Weiß und Schwarz
So mancher Orte
Schwarz und Weiß
Auch, was man schenkt

Schwarz und Weiß
Das ganze Leben
Und alle Wege
Die man geht
Weiß und Schwarz
Was wird geschehen
Schwarz und Weiß
Das man versteht

Die Angestellte

Es war ein Morgen, irgendwann
Der Kaffee schmeckte schlecht, so schlecht
Noch schnell ein Küsschen für den Mann
An diesem Morgen, irgendwann
Sie macht' es allen immer recht

An jenem Tag, als Regen fiel,
War's trübe noch und seltsam lau
Ihr Job war hart, kein leichtes Spiel
Der Tag war grau und Regen fiel
Sie war 'ne starke schwache Frau

Sie sah das Elend vis-à-vis
Und mancher Fall wog tonnenschwer
Sie hielt es durch, wohl irgendwie
Sie sah manch Trauer vis-à-vis
Doch auch sie selbst schien müd und leer

Vorm Spiegel in der Pause dann,
Da sah sie sich und weinte leis
Ein Handyklingeln – wohl der Mann
Vorm Spiegel jetzt – minutenlang
Und irgendwo zerschmolz das Eis

Was, wenn sie einfach wortlos ging
Dorthin, wo alles Glück vielleicht
Dorthin, wo aller Segen hing
Wer fragt, wenn sie jetzt einfach ging
Ob's für das Leben dann noch reicht

Sie schloss die Augen, hielt sich fest
Und wankte hin und wieder her
Was, wenn man sich mal treiben lässt
Sie hielt am Waschbecken sich fest
Im Leben geht so manches quer

Was für ein schöner ferner Traum
Sie wischte sich die Tränen fort
Mit Seife und mit reichlich Schaum
Wusch sie sich ab, den großen Traum
Man rief nach ihr, mit lautem Wort

Und lächelnd lief sie schnell zurück
Ein neuer Kunde wollte Rat
Wo liegt des Lebens größtes Glück
Sie lief nur ins Büro zurück
Und tat, was sie sonst immer tat

Sie sagte Ja, sie sagte Nein
Der Arbeitstag ging schnell vorbei
So musste es wohl immer sein
Ein Leben zwischen Ja und Nein
Ihr Mann kam heim, so gegen 3

Fahrstuhlstopp

Im Fahrstuhl zwischen Hoch und Runter
So zwischen zwei Terminen – *kurz*
Da wart' ich, gar nicht froh und munter
Im Lift, so zwischen Rauf und Runter
Und mancher Witz scheint weit und *schnurz*

Auf einmal stockt der Lift, bleibt stehen
Im Nirgendwo
Ich weiß nicht wo
Wann wird das Ding wohl weitergehen
Ganz plötzlich fängt sich's an zu drehen
Mir wird's recht schwindelig und so

Ne alte Frau steht da und wartet
Sie schaut mich an mit starrem Blick
Ich hoff, dass dieser Lift bald startet
Und jene Frau, die seufzt und wartet
Wann endet dieses Missgeschick

Die Alte scheint das wohl zu spüren
Sie sagt: *„Ach Jungchen, du hast Zeit"*
Ich weiß, ich sollt' mich wohl nicht zieren
Was kann ich hier wohl schon verlieren
So manche Stunden ziehn sich weit

Wir reden über Das und Dieses
Ich lehn mich an die Fahrstuhltür
Wir sprechen über Gutes, Mieses
Im Leben gibt's so manches Fieses
Im Fahrstuhl zwischen Dort und Hier

Ich schau zur Uhr, muss plötzlich grinsen
Hier drin scheint nichts mehr wichtig, ach
So vieles ging mir in die Binsen
Oft schmeckten nicht mal Mittagslinsen
Und manchmal schien ich kaum noch wach

Die alte Frau nahm meine Hände
„Nehms nicht so schwer, das hilft dir nicht"
In jenem Lift, wo kühl die Wände
Hielt sie voll Güte meine Hände
Es flackerte das Fahrstuhllicht

Ja, da begriff ich, was sie meinte
Ich sollte viel mehr leben noch
Was mich mit dieser Frau vereinte
War der Gedanke
Und ich weinte
Wann ging´s im Fahrstuhl runter, hoch

Ein starker Ruck, dann ging es weiter
Recht schnell sprang auf die Fahrstuhltür
Ich sah den Tag, er war so heiter
Und irgendwie schien ich gescheiter
Seit jenem Fahrstuhlstopp all hier

Ich tauchte ein in Stadt und Leben
Oft fiel mir ein der Alten Wort
Von Herz und Seel konnt ich was sehen
Erinnerung an manches Schweben
Im Fahrstuhl zwischen
Hier und Dort

Spiegelbild

„Nein, nein", sagst du, *„ich bin nicht gut"*
In jener trüben Winternacht
Ich schau dich an
Du hast doch Mut
Warum denkst du, du seist nicht gut
Du hast doch gar nichts falschgemacht

Du schweigst und schaust mich traurig an
Ich fühl auch Tränen auf dem Kinn
Was für ein netter, stolzer Mann
Ich schau dich immer wieder an
Ich weiß, dein Leben hat doch Sinn

Du frierst in jener Hütt´ im Wald
Ich denk an all die Zeit zurück
Als man noch jung und gar nicht alt
So mancher Tag ward ziemlich kalt
Wie heute Nacht
Ist da auch Glück

Ich lächle und ich schau hinaus
Nein, nein, ich geb´ bestimmt nicht auf
In diesem winzgen Försterhaus
Sieht alles so viel anders aus
Ein Leben birgt manch´ Dauerlauf

Ich weiß genau:
Ja, ich bin gut
Verändern kann ich mich vielleicht
Ich lebe und ich habe Mut
In mir pulsiert noch immer Blut
Wenn auch die Zeit vorüber schleicht

Du schaust mich an und nickst mir zu
Mein Spiegelbild
Ich brauch dich sehr
So zwinkre ich dir nochmal zu
Und träum ganz leis, denn hier ist Ruh
Und breche auf
Mal leicht, mal schwer

Die Weihnachtsfrau

Die Tür fiel zu, er ist jetzt fort
Er ging, er floh ganz ohne Wort
Sie hielt den Rücken ihm stets frei
Jetzt scheint dies alles einerlei

Die fremde Frau, dies Flittchen, ach
Das gab ihm flugs ein neues Dach
Er fiel drauf rein und sagte kühl,
Das alles hier ihm nicht gefiel

Die Einsamkeit in jenem Haus
Macht sie zur wirklich grauen Maus
Die Kinder sind längst irgendwo
Und alles scheint nur *"einfach so"*

Sie fühlt sich hilflos, krank und schlecht
Sie macht es allen immer recht
Das große Haus – er wollt es nicht
Die Ehejahre gibt's wohl nicht

Das Regenwasser tropft herab
Und wäscht die Fensterscheiben ab
Sie schaut zum Wald gleich hinterm Haus
Sieht so die tolle Zukunft aus

Am nächsten Morgen ist es still
Kein Mann, kein Kind, auch sonst nicht viel
Da, in der Zeitung wie ein Hohn:
Man sucht nach Weihnachtsmännern schon

Und weil mit Fünfzig sie zu alt
Für einen Job, für Arbeit halt
Wischt sie die Tränen vom Gesicht
Und geht hinaus
Und trauert nicht

Nach frischen Schrippen sehnt sie sich
Nach Kaffeeduft, nach Tageslicht
Nach einem Wort, nach einem Ziel
Sie will jetzt raus, das ist nicht viel

Dort taucht sie ein ins Menschenmeer
In ihrem Kopf ist nichts mehr leer
Sie weiß jetzt, was sie wirklich will
Sie hat noch Würde, Kraft und Stil

Schlägt ein den Weg zum Arbeitsamt
So viele sind dort unerkannt
Sie redet viel und weiß genau:
Sie wird nun eine Weihnachtsfrau

Auch wenn sie raus aus dem Beruf
Hört sie den lauten, stummen Ruf:
Los, zeig es allen endlich, jetzt
Du bist ein Mensch
Wenngleich verletzt

In einer Garderobe dann
Zieht sie das Weihnachtskostüm an
Spürt plötzlich, dass man sie noch braucht
Es hilft nichts, wenn man untertaucht

Sie will was tun
Denn sie ist da
Fast alles scheint ihr wunderbar
Als Weihnachtsfrau am Weihnachtstag
Stellt ihr manch´ Kind so manche Frag

Ja, endlich ist sie wieder frei
Und hat auch wieder Spaß dabei
Als Weihnachtsfrau am Weihnachtsmarkt
Hört man ihr zu, denn sie ist stark

Am Heilig Abend irgendwann
Trifft sie auf einen Weihnachtsmann
Der lebt allein mit seinem Kind
In einem Haus,
Wo Kühe sind

Die beiden treffen sich nun oft
Sie spürt ihr Herz, es klopft und klopft
Ein neues Leben sie nun hat
In ihrer Welt
In dieser Stadt

Die Weihnachtsfrau
Der Weihnachtsmann
Sind wieder glücklich, froh sodann
Wenn alles Leben stehenbleibt
Muss man hinaus
Denn es ist Zeit

In der Nacht

Du kamst zu mir mit einer Frage
S´ war Mitternacht
So gegen 1
Das End von einem Regentage
Am Meeresstrand
Hier am Gestade
Und ich nahm deine Hand ganz sacht

Dein Mann ging fort
Er ließ dich sitzen
Wir schauten auf das Meer hinaus
Es war nicht heiß
Man konnt nicht schwitzen
Wir konnten uns nur kurz erhitzen
Und irgendeine Melodie sang leis

Du schliefst schnell ein in meinen Armen
Der Mond schien durch den Regen schwach
Und als manch´ Mückenschwärme kamen
Sog ich den Regen auf
Den warmen
An jenem Strand
Wo wir lang wach

Du kamst zu mir und wolltest reden
Doch schwiegen wir
Wir warn nur da
Wo Träume sich im Wind verweben
An diesem Strand der tausend Leben
Bliebs ewig Nacht
Ward Vieles klar

Die Wärterin

Im Spiegel sieht sie ihr Gesicht
Im Knast-Büro am Rand der Zeit
Es ist nicht hell
Gefängnislicht
Die anderen verstehn sie nicht
Die Freiheit nah
Und doch so weit

Gleich Einschluss und dann muss sie raus
Die Häftlingsfrauen wollen viel
Hier drin in diesem engen Haus
Sieht Vieles so viel anders aus
So manches dort ist ernst, nicht Spiel

All ihre Sorgen sind nicht da
All das verbirgt sie gut und schlecht
Hier drin im Knast scheint vieles klar
Für andere ist sie wohl Star
Sie ist es nicht – sie ist nur echt

Sehr streng scheint sie – ihr Ton recht hart
Unmissverständlich, was sie will
Und draußen wird sie auch nicht zart
Ein Wechsel zwischen hart und smart
Und manchmal wird sie ziemlich still

Ist Haar ganz kurz
Und auch schon grau
So viele Sorgen sieht sie oft
Vielleicht ist sie ´ne starke Frau
Man hört auf sie
Sie ist genau
Bis an die Seel die Sehnsucht klopft

Und wenn sie weint, dann sieht man´s nicht
Im Knast sind Tränen sehr verpönt
Gleich Einschluss, das verpasst sie nicht
Im seltsam müden Knast-Flur-Licht
So Vieles klar
Und nichts geschönt

Noch schaut sie in den Spiegel
Schweigt
Ist dieser Knast schon ihr Zuhaus
Da ist nicht viel, was da noch bleibt
Ein klares Leben
Sie ist frei
Gleich Einschluss
Und sie muss jetzt raus

Die Frau an der Grenze

Tagtäglich ist sie unterwegs
Sie ist noch jung, scheint doch so alt
Mit scharfem Auge wacht sie stets
Auf schmalem Pfad
Nach vorne geht's
Am Felsen und tief drin im Wald

Die Grenze zieht sich ewig hin
Da, Nordkorea, gar nicht weit
Warum die Grenze
Welcher Sinn
Sie schaut nach drüben traurig hin
Und es vergeht die Zeit
Die Zeit

Sie muntert die Soldaten auf
Die warten schon an ihrem Platz
Mit ihrem Pickup fährt sie rauf
Auf manchen Felsen
Obendrauf
Dies weite Land
Was für ein Schatz

Und manchmal weint sie einfach so
Die Grenze ist so mörderisch
In Süd und Nord ist man nicht froh
Konflikte gibt es einfach so
Nur Schweigen, Tränen
Lediglich

Ich seh sie lachen irgendwann
Als sie vom fernen Frieden spricht
Mit ihrem Pickup fährt sie dann
Den nächsten Stützpunkt leise an
Und ihre Hoffnung nie erlischt

Ich schau nach Norden
Greifbar nah
Versteh nicht deren Wut und Hass
Es sind doch Brüder
Schwestern gar
Sie sind doch eins
Das ist doch klar
Ein lauer Wind streicht übers Gras

Doch dann muss sie schon wieder fort
Ich wink ihr noch
Sie schaut zurück
Was für ein rätselhafter Ort
Die starke Frau mit starkem Wort
Und sie fährt runter
Dann hinauf

Der Mann im Wald

Auf dem Baumstumpf, da im Walde
Sitzt er oft und gern – allein
Es ist gleich hinter der Halde
Bis die Nacht sitzt da der Alte
Und man fragt:
Muss das so sein

Vor zehn Jahren war's im Orte
Da verlor er Haus und Hof
Er war keiner von der Sorte
Die gemacht zu große Worte
Den man schimpfte *faul und doof*

Seine Frau nahm ihm die Kinder
Schnell war auch das Haus verkauft
Als dann kam der kalte Winter
Ging er fort
Er war kein Sünder
Ohne Geld
Und nicht getauft

Lang und weit ist er gezogen
Bis er fand den dichten Wald
Von der Welt zu lang belogen
Ist er ziellos rumgezogen
Und die Städte waren kalt

Zwischen dichten Weihnachtstannen
Fand er das, was ihm gefehlt
Alles Unglück schien von dannen
Hier im Wald, wo Vögel sangen
Wusste er, was wirklich zählt

21

Die Natur gab neues Leben
Gab ihm auch sein *Ich* zurück
Zwischen Bäumen
Aller Segen
Dort im Baumhaus ewig schweben
Dieser Wald – sein größtes Glück

Mit dem Taschenmesser streicht er
Marmelade übers Brot
In dem Töpfchen Kaffee, dünner
Zwischen Ästen – Sternenschimmer
Wer nichts hat
Kennt keine Not

Doch es gibt wohl auch die Tage
Wo er gern bei Frau und Kind
Nein, er stellt sich keine Frage
Und da gibt's auch keine Klage
Wenn leis säuselt manch ein Wind

All die Jahre, all die Zeiten
Und sein Job in dieser Bank
All das sollte so nicht bleiben
Und die Stadt hat viele Kneipen
Weil die Seele schwach und krank

Keinem muss er heut was bieten
Haus und Auto
Super-Job
In der Stadt sind hoch die Mieten
Nur im Wald duften die Blüten
Weil hier lebt der liebe Gott

Manchen Regen hat´s gegeben
Schnee und Hagel
Donner Blitz
Jener Wald – das pure Leben
Wo die Spinnen Netze weben
Mancher Frosch in seichter Pfütz

Irgendwann- und wo im Walde
Sitzt er oft und gern und träumt
Es ist gleich hinter der Halde
Bis die Nacht sitzt da der Alte
Und er hat wohl nichts versäumt

Eine Frau

Wiedermal den Weg zum Amte
Stolpert sie so gegen 6
Noch ist sie die
Unbekannte
Stolpert schnell den Weg zum Amte
Das liegt vor ihr links
Dann rechts

Brötchen, Kaffee, diesen lauen
Ein Gespräch kurz auf dem Gang
In die Unterlagen schauen
Wie viel werden sich heut trauen
Und die Zeit scheint ewig lang

Auf dem Stuhl, dem harten, kalten
Nimmt sie Platz, schaut hin- und her
Menschen muss sie hier verwalten
Jenen Tag mit Sinn gestalten
Und manch Schicksal wiegt so schwer

Schon kommt rein der erste Kunde
Der sucht Arbeit
Oder nicht
Ziellos starrt er in die Runde
In der Seel klafft ihm 'ne Wunde
Angst sitzt tief ihm im Gesicht

Wut und Hoffnung muss sie kennen
Manchmal Härte auch
Und Mut
Nein, es bleibt kaum Zeit zum Flennen
Manchmal nachts ist Zeit zum Pennen
Oftmals glüht noch *Arbeitswut*

Ja, sie weiß, man liebt sie selten
An dem Ort, wo gar nichts gleich
Jenes Amt der tausend Welten
Wo manch´ Regeln kaum noch gelten
Hier wird niemand wirklich reich

Wenn die Kunden dann gegangen
Ordnet sie den Aktenberg
Hier, wo manches unverstanden
Wo sich niemals Menschen fanden
Schaut sie plötzlich recht verklärt

Packt die Tasche und hält inne
Ob sich das mal ändern wird
An der Decke eine Spinne
Leis tropft Regen aus der Rinne
Alles scheint total verkehrt

Sollt sie wirklich einsam bleiben
Haus und Auto
All dies Zeug
Kommen auch mal bessre Zeiten
Ohne Klar- und Ebenheiten
Ohne künstlich-glatter Freud

Doch dann wischt sie sich die Augen
Aus der Haut kommt sie nicht raus
Dieser Traum vom Meer, dem blauen
Schon versunken
Kaum zu glauben
Und sie trinkt den Kaffee aus

Stumm nimmt sie vom Eisenhaken
Ihren Mantel
Ihren Schal
Zwischen Mondlicht, Mücken, Schnaken
Wird sie durch den Regen waten
Morgen früh
Und wiedermal

Kriegskinder

Sie suchen noch das Morgenrot
Die Kinder aus dem fernen Land
Und abends gibt's hier Abendbrot
Die ferne Heimat ist schon tot
Im Krieg ist alles abgebrannt

Sie kamen her ins deutsche Land
Die Kinder aus der *andern* Welt
Sie fanden manche helfend' Hand
Und stießen auch auf manche Wand
Sie hatten Hunger, wenig Geld

Man schimpfte laut und leise hier
Warum nur gehen sie nicht weg
Es gibt nicht Krieg
Nicht Bomben hier
Und ruhig ist's des nachts um *Vier*
Und volle Läden sind ums Eck

Das alles gab's im Kriegsland nicht
Es ist zerstört
Das ist nicht mehr
Die Nacht erhellte Bombenlicht
Und manchen Toten fand man nicht
Und Kinderaugen – *endlos leer*

Wohin geht's nur – *wohin, wohin*
Warum der Krieg – *warum, warum*
Die Kinder wollen wieder hin
Doch aller Traum bleibt ohne Sinn
Und alle Worte bleiben stumm

So anders wird man mit der Zeit
Im fremden Land scheint alles *fremd*
Man fühlt sich frei
Doch nie befreit
Familie, Heimat ist so weit
Und auf der Haut das *letzte Hemd*

Die Heimat ist, wo's Herze schlägt
Auch Bomben löschen das nicht aus
Die Kinder wollten niemals weg
Und hier ist Frieden
Rund ums Eck
Wo steht das gute Heimat – Haus

Das Kind

Ich seh das Kind im Film
Im Film
Es lächelt noch, kommt auf mich zu
Was soll ich denken
Soll ich fühln
Wo ist die Mutter da im Film
Das Kind trägt große, alte Schuh

Das Kind ist echt
Der Film ist's auch
Zeigt ein KZ
Zeigt Kinder dort
Die Kleinen haben nichts im Bauch
Sind hungrig, ängstlich, kränklich auch
An jenem fürchterlichen Ort

Ein Leichenberg im Hintergrund
Ein Krematorium, der Tod
Im Vordergrund der Kindermund
Dort im KZ
Im Teufelsschlund
Wo ist die Mutter in der Not

Millionen starben in dem Krieg
So viele Kinder
Mütter, Gott
Durch meine Seel nur Trauer zieht
Von diesem Kind wohl nichts mehr blieb
Auch Tränen wischen das nicht fort

Ich seh das Kind im Film
Im Film
Es lächelt noch
Wohl ist's längst tot
Gestorben scheint das *Denken, Fühln*
Es ist ein kurzer trister Film
Und Frieden ist's
Und Abendrot

Ohne Worte

Sie steht nur da im Dämmerlicht
So große Worte macht sie nicht
Ihr Kind starb lang von fremder Hand
Und es herrscht Ruhe überm Land

Der Wind zerzaust ganz leis ihr Haar
Sie weiß genau, dass es *hier* war
Der Herbst nahm jenen Sommer mit
Und ihren Sohn
Ihr größtes Glück

Was ist das Leben jetzt noch wert
War all das *Gestern* so verkehrt
Sie kann nicht weinen, steht nur da
An jenem Ort
Wo´s neblig war

All die Erinnerung brennt tief
Ihr ist, als ob man nach ihr rief
Auf einem kleinen Segelboot
Winkt still ein Kind im Abendrot

Der Kahn ist fort
Fort auch der Sohn
Ihr ist so kalt und schwächlich schon
Ihr Herz, die Seele – alles tot
Längst fort mit jenem Leichenboot

Der Täter lebt – er sitzt im Knast
All die Gedanken – eine Last
Tagtäglich fragt sie sich: *Warum*
Doch Grab und Himmel bleiben stumm

Sie steht noch da im Dämmerlicht
Nein, große Worte macht sie nicht
Ihr Kind ist tot
Durch fremde Hand
Und es ist Ruhe überm Land

Der Trinker

Irgendwo in jener Stadt
Dort, wo keiner Namen hat
Lebte er wohl irgendwie
Reichtum hatte er noch nie
Lebte er so in den Tag

Eines Tages gegen 10
Blieben alle Uhren stehn
Ja, man warf ihn einfach raus
Job und Arbeit – *alles aus*
Plötzlich ward die Welt nicht schön

Einsam saß er nun im Dreck
Irgendwo im Straßeneck
Nur der Alkohol war da
In der kleinen Hafenbar
Soff er sich die Sorgen weg

Trank ab jetzt tagein tagaus
So sah jetzt sein Leben aus
Alles sollt im Kreis sich drehn
Er konnt selbst sich nicht verstehn
Alkohol – *sein bester Schmaus*

Und die Sucht hielt ihn ganz fest
Er versoff den letzten Rest
Immer öfter fiel er um
Aller Traum blieb tot und stumm
Weil die Sucht nichts leben lässt

Irgendwann im Krankenhaus
Kam er aus dem Suff mal raus
Für sechs Wochen trocken, clean
Für sechs Wochen wieder Sinn
Wieder Mensch und keine Maus

Ja, er schwor sich klipp und klar:
Nie mehr saufen, wie´s mal war
Wieder Arbeit, Lebenssinn
Doch der Wunsch schien schnell dahin
Und es nahte die Gefahr

Ach, er trank so viel, so viel
Ohne Halt und ohne Ziel
Bis sein Traum total zerbrach
Aus die Heimat, Haus und Dach
Und der Regen fiel und fiel

Irgendwann sah er ein Licht
Hörte, wie man zu ihm spricht:
Fürchte dich nicht, komm nur, komm
Ich bin hier und warte schon
Und er fürchtete sich nicht

Warf die Flasche weit von sich
Spürte Kraft im Angesicht
Lief und lief und war schon fort
Einsam blieb sein Heimat-Ort
Nein, die Sucht vergab ihm nicht

Irgendwo in jener Stadt
Dort, wo niemand Namen hat
Hat gelebt er irgendwann
Nein, er war kein reicher Mann
Und vom Baum fällt leis ein Blatt

Der Obdachlose

Die Sonne strahlt und wärmt die Stadt
Dort ist es, wo man alles hat
Doch hinterm Park, im Brückenschacht
Ist meistens Armut
Meistens Nacht

Er zieht seit vielen Jahren um
Er war mal was
Er ist nicht dumm
Der Alkohol wärmt Sorgen fort
Und Ängste auch
Und manches Wort

Im Wohnungsamt lehnt man ihn ab
Ein Säufer, der so gar nichts hat
Man will ihn nicht
Man schickt ihn fort
Und wieder zieht er durch den Ort

Die Straße ward zur Heimat ihm
Sein Leben aber: *ohne Sinn*
Einst wollt' er mal so hoch hinaus
Am Ende blieb das Hinterhaus

Seit Tagen streikt die Leber sehr
Die Freundin weint
Es ist so schwer
Er bricht zusammen irgendwo
Er kann nicht mehr
Das ist wohl so

Von seinen Träumen blieb nicht viel
Kein Platz zum Leben
Und kein Ziel
Im Winter fror er sich bald tot
Es wärmte ihn nur Schnaps
Sein Brot

Gestorben ist er irgendwann
Im Krankenhaus
Als armer Mann
Er hat gehofft, geweint, gelacht
In seinem Heim
Im Brückenschacht

Die Sonne scheint auf diese Stadt
Scheint warm und ruhig auf sein Grab
So einsam ist's am Brückenschacht
Der Wind ist kalt
In jeder Nacht

(Für Locke)

Sehnsucht

Sehnsucht nach dem *„Nicht mehr da"*
Ferne Heimat – *irgendwo*
Alles da, doch nichts ist klar
Und ich friere einfach so

Damals, als wir flohen, ach
Da war Krieg, der Weg so lang
Nirgendwo ein Heimat-Dach
Tausend Ängste
Trauersang

Meine Heimat gibt's nicht mehr
Längst zerschossen und kaputt
Träume sind so endlos leer
Heimatliebe: *Tod und Schutt*

Tränenmeer am Oderstrand
Glogau einst so stolz und schön
Jene Heimat dort mal stand
Doch sie sollt im Krieg vergehn

Sehnsucht nach dem Heimatland
Tief im Herzen bleibt es mir
Nirgendwo ich Frieden fand
Nur die Ruh ist ewig hier

Besuch

Man spricht so viel
Man redet gern
Man findet Vieles schlimm und gut
Doch manchmal sind die Worte fern
Dann spricht man nicht mehr viel und gern
Dann steht man da – dann stockt das Blut

In Auschwitz war´s
Am düstern Ort
Ich schau mich um und schweig und schweig
Da fehlt mir Freude, jedes Wort
Ein Wind weht alte Ängste fort
Kalt fühlt sich an mein menschlich´ Leib

Mein Schritt fällt schwer
Ich weine nicht
Hier, wo man nicht mehr weinen kann
Zu sehr erstarrt mein Angesicht
Hier ist´s so trüb – es fehlt an Licht
Zu viel ist damals hier verbrannt

Ich seh ein Kind
Es winkt mir still
An diesem Ort, der mir so fremd
Dann ist es fort mit andrem Ziel
In Auschwitz war´s ein böses Spiel
Hier, wo die Zeit die Toten kennt

Der Drahtzaun jetzt ist ohne Strom
Kein Mensch, der tot an ihm verlischt
Ein Drahtzaun mahnt als letzter Hohn
Kein Hass, kein Mord, kein toter Sohn
Und keine Mutter, die zerbricht

Als ich dann geh
Bin ich nicht stumm
Courage braucht es, Mut zum Wort
In Auschwitz war´s
Ich dreh mich um
In unsrer Zeit braucht´s Kraft und Mumm
Gedenken, Trauer
Diesen Ort

Clown

Lang sieht er sich im Spiegel an
Sein Clownsgesicht – *es lacht sogar*
Was für ein lustig froher Mann
So sieht er sich im Spiegel an
Ein Clown, der immer lachen kann
Ein wirklich echter großer Star

Doch wenn die Lichter längst schon aus
Wenn er allein und einsam ist
Geht traurig er den Weg nach Haus
Dann sieht er nicht mehr lustig aus
Dann spricht er nur mit einer Maus
Weil die ihn wirklich nie vergisst

Er ist ein Clown, den gern man sieht
Er ist so bunt, das liebt man sehr
Doch keiner weiß, was sonst geschieht
Wenn man ihn einmal nicht mehr sieht
Wenn nachts er durch die Straßen zieht
Wenn ihm die Stunden ziemlich schwer

Dann schaut er sich im Spiegel an
Dann schminkt er sich die Farben ab
Sonst scheint er wohl ein froher Mann
Dort auf der Bühne, wo er´s kann
Ein Clown, der immer lacht sodann
Der Mensch ist, der auch Sorgen hat

Wenn dann die Vorstellung beginnt
Dann sind die Tränen lange fort
Wenn er vor all den Kindern singt
Wenn er dann lacht und hopst und spinnt
Dann ist das Leben bunt geschminkt
Man hört sein lustig-traurig Wort

Ein Schicksal

Es hat geklingelt ziemlich früh
Da öffnete die Türe sie
Die Kinder schliefen noch ganz fest
Im Haus vorm Wald
Beim Vogelnest

Die Polizei hat nicht gefragt
Es war ein regnerischer Tag
Man nahm den Papa einfach mit
Steuerbetrug
Zu viel vom Glück

Sie hielt ihm stets den Rücken frei
Doch er sah nur das Geld dabei
Im Knast gestand er ihr stupid
Dass er schon längst ´ne Andere liebt

Da stand sie nun, allein und arm
An diesem Morgen, der nicht warm
Das letzte Geld war schnell verbraucht
Sie trank nie Schnaps, hat nie geraucht

Beim Einkauf dann im Laden-Eck
War ungedeckt der letzte Scheck
Der letzte Groschen blieb für Brot
Kredit und Konto: *alles tot*

Total am Ende und zerstört
Schien ihr das Leben nichts mehr wert
Auf einer Brücke stand sie da
Und wusste nicht mehr, was geschah

Dort unten in dem tiefen Fluss
Schien ihr des Lebens letzter Gruß
Sie wollte springen – setzte an
Da hielt sie fest ein starker Mann

Er zog sie auf den Weg zurück
Und fragte leis: *Ist das dein Glück*
Sie zitterte am ganzen Leib
Und Tränen tropften auf ihr Kleid

Die beiden fuhren heim zu ihr
Es war um 3, vielleicht um 4
Längst schliefen ihre Kinder tief
In jener Nacht, die krumm und schief

Der Mann blieb bei ihr, half ihr viel
Zunächst war's schwer und gar kein Spiel
Doch irgendwann ging's aufwärts doch
Sie kämpfte sich aus diesem Loch

Bald zogen sie zu ihm ins Haus
Hier sah es ruhig und friedlich aus
Die Kinder liebten diesen Mann
Der neue Papa war's sodann

Am End' bekam sie einen Job
Verdiente wieder, dankte Gott
Ein neues Leben nun begann
Mit ihren Kindern und dem Mann

Da klingelte es in der Nacht
Sie schlich zur Tür sich ziemlich sacht
Ihr Ehemann kam aus dem Knast
Und meinte, dass er viel verpasst

Lang schaute sie ihn schweigend an
War da noch Liebe zu dem Mann
Sie sagte „*Nein*" und schloss die Tür
Und es war morgens
Gegen 4

Der Stieglitz

Es fliegt ein Stieglitz durch die Zeiten
Fliegt durch Berlin, Paris und Prag
Will nirgendwo zu lange bleiben
Er fliegt behänd durch Tag und Zeiten
Und zwitschert, wie er zwitschern mag

Denkt an die Welt, die schöne, helle
Die war einst ziemlich trüb und schlimm
Er ist ein lustiger Geselle
Denkt an die Welt, die flotte, schnelle
Und sinnt nicht übern Lebenssinn

Da, auf dem Baum, ne kleine Pause
Ein kleines Lied für jedermann
Vielleicht noch eine lustig' Sause
Dann zieht er weiter übers Hause
Und weiter fort, durchs Land sodann

Am Strand lauscht er dem Meeresrauschen
Wer weiß, wovon er da so träumt
Vielleicht will er der Brandung lauschen
Doch will er nie mit andern tauschen,
Weil er vom Leben nichts versäumt

Schon bald erhebt er sich mit Kräften
Und flattert übers Meer davon
Er fühlt sich gut, in besten Säften
Scheint jenseits wohl von Geldgeschäften
Wer fragt den kleinen Vogel schon

Er ist ein Stieglitz unter vielen
Und fliegt, weil er halt fliegen muss
Wer weiß schon von den Stieglitz-Zielen
Vielleicht will er nur einfach spielen
Vielleicht ist er ein Gottesgruß

So fliegt er weiter durch die Zeiten
Fliegt von New York nach Binz und Bern
Wohl will er nirgends lange bleiben
Er fliegt nur fröhlich durch die Zeiten
Ich wink ihm oft
Ich hab ihn gern

Kraniche

Es ziehen Kraniche durchs Land,
bis hin zum wilden Meeresstrand
Ich schau vom Ufer in die Weite
Es ist so frisch und windig heute

Kein Mensch kann ich am Strande sehn
Will barfuß durch den Sand jetzt gehn
Ich leg mich schwerlich in den Wind
Ich wär wohl wieder gern ein Kind

Hier, wo das Meer dies Lande küsst,
Hier hab ich mich, und nichts vermisst
Die Wogen schlagen rauschend hoch
Und ich bin ratlos, immer noch

Verwirrtheit dröhnt durch Herz und Sinn:
Was, wenn ich doch verloren bin
Geht's mit dem Leben mal bergauf,
Im nimmermüden Dauerlauf

Dort in der fernen wilden Stadt,
Jenseits von Träumen, niemals satt,
Bleibt für manch´ Denken wenig Zeit
Manch´ Wunsch, manch Hoffnung scheint so weit

Ich bleibe stehn, ruf übers Meer:
Du, bring mir eine Lösung her
Doch es gibt keine Antwort nicht
Das Meer nur rauscht gar ewiglich

Es wird so sein, wies immer war:
Ich sollt nur leben, gut und klar
Stapf weiter durch den Ufer-Sand
Und es ziehn Kraniche durchs Land

Die Tänzerin

Irgendwie verklärt vielleicht
Eine Träne noch im Aug
Ist berühmt sie
Ist sie reich
Manchmal traurig auch
Vielleicht
Es ist ihre beste Schau

Ach, es war 'ne schwere Zeit
Harte Arbeit, viel Verzicht
Heut ist sie vom Glück nicht weit
Nein, sie fühlt sich nicht befreit
Streng manch' Züge im Gesicht

Viele Fragen wiegen schwer:
War es richtig
War's nicht gut
Ist sie heute wirklich wer
Ach, ihr Leben wiegt so schwer
Soviel Tanz liegt ihr im Blut

Düster scheint die Bühne jetzt
Nur Musik erklingt ganz leis
Ja, sie tanzt so unverletzt
Leicht und schön und nicht gehetzt
Ihr *Tutu* ist strahlend weiß

Und sie tanzt für sich allein
Nur ein Licht strahlt sie noch an
Warum stets alleine sein
Warum niemals Sekt und Wein
Schaut sie wirklich niemand an

Da bemerkt sie einen Blick
Er ist stark und trifft sie sehr
Und ganz langsam, Stück für Stück,
Tanzt sie hin zu jenem Blick
Fühlt dabei sich traurig, schwer

Es ist eine fremde Frau
Ihr Gesicht im Schatten liegt
Doch ihr Blick ist sehr genau
Wer ist jene fremde Frau
Woher hat sie diesen Blick

Als sie näher tanzt und schaut,
Staunt sie, denn die Frau vor sich
Ist sie selbst, so sehr vertraut
Und sie weint und staunt und schaut
Sieht ihr eigenes Gesicht

Niemand sonst ist wohl zu sehn
Jenseitig von Traum und Show
Ach, sie tanzt so wunderschön
Möcht nicht von der Bühne gehn
Doch die Fremde scheint nicht froh

Da, das Licht verlischt ganz sacht
Und die Schau ist aus, *vorbei*
Längst ist es nach Mitternacht
Da geht aus das Licht ganz sacht
Aller Tanz scheint einerlei

Regungslos und leichenblass
Geht sie von der Bühne schnell
Spürt nicht Trauer oder Spaß
Draußen ist es regennass
Nacht ist es und gar nicht hell

Plötzlich spürt sie es genau:
Tanzen ist ihr größtes Glück
Niemals war ihr Leben grau
Und es lacht die fremde Frau
Leicht tanzt sie zur Show zurück

Zeit der Störche

Es war die Zeit der Störche, ach
Sie kehrten heim ins schöne Land
Zu jenem Haus mit rotem Dach,
Am dichten Wald, am schmalen Bach
Ein Wind verwehte leis den Sand

Dort lebte sie mit ihrem Sohn
Mit sehr viel Hoffnung, und auch Kraft
Ein Kinderlachen reichte schon
Ihr Kind, für sie der beste Lohn
Ja, auch im Job hat sie geschafft

Die Trennung lag schon lang zurück
Ihr Ehemann zog fort, weit fort
Sie suchte nach dem großen Glück
Wohl kehrt manch' Traum nie mehr zurück
An diesen einsam schönen Ort

Doch eines Tags in süßer Nacht
da dachte sie sehr lange nach
Sie wollte, dass die Sonne lacht
Nicht immer stark sein, auch mal schwach
Sie lag bis Mitternachte wach

Zog bald die schönste Robe an
Fuhr in die Stadt zum Tanz im Schloss
Vielleicht gab's irgendwo ein Mann,
Der einsam auch wie sie sodann
Der lebte nicht auf hohem Ross

Im Walzer drehte sie sich wild
Der Schampus schmeckte wirklich gut
Und Abendduft lag rosig mild
Auf ihrer Seele, ungekühlt
Ihr Herze schwamm in heißer Glut

Ein netter Herr im schwarzen Zwirn
Hofierte sie, umwarb sie lieb
Der Sekt benebelte ihr Hirn
Der Fremde schien sie zu verwirrn
Ein heißer Kuss zur Soulmusik

In diesem Augenblick entschwand
Die Einsamkeit, die Traurigkeit
Sie spürte seine starke Hand
Sie wär mit ihm davon gerannt
Sie spürte – endlich ist's soweit

Der Fremde buchte einen Flug
Für sich und sie, die neue Zeit
Nur fort, weit fort mit neuem Mut
Nie wieder Traurigkeit und Wut
Und endlich leben, so befreit

Doch da ertönt ihr Telefon,
Durchbrach die Seligkeit, manch' Kuss
Ein schwerer Unfall mit dem Sohn
Sie rasten durch ein Feld von Mohn
Mit Flug und Küssen schien nun Schluss

Er fuhr sie bis zum Krankenhaus
Wie schnell zerbrach doch aller Traum
Wie sah's mit ihrem Sohne aus
Wieso nur jetzt solch Angst, solch Graus
Verzeihen konnte sie sich's kaum

Als sie den Kleinen liegen sah,
In seinem Bettchen, schwach und krank,
Da wusste sie, was wichtig war
Ganz plötzlich wurde es ihr klar:
Sie liebte Sohn und Haus und Land

Nie wollte sie woandershin
Es lief doch gut, so, wie es lief
Ihr Sohn – der echte Lebenssinn
Es war doch richtig und auch schön
Ganz leis sie seinen Namen rief

Der Fremde lächelte sie an
Und ging von ihr – *zurück zur Nacht*
Er war ein wirklich lieber Mann
Sie schaute ihm lang nach sodann,
Und hat doch nicht mehr nachgedacht

Der Wind am offnen Fenster sang
Ein Lied von Trauer und von Glück
Sie hielt ganz fest vom Sohn die Hand
Und blieb im Haus, im Storchenland
Und hörte manchmal Soulmusik

Es war die Zeit der Störche, ach
Sie zogen fort ins ferne Land
Es blieb ein Haus mit rotem Dach,
Am dichten Wald, am schmalen Bach
Ein Wind verwehte leis den Sand

Am Straßenrand

Ein dunkles Kreuz am Straßenrand
Ich fahr vorbei, es regnet leicht
Die Dämmerung zieht übers Land
Ein mahnend´ Kreuz am Straßenrand
Der Weg ist schmal, und ziemlich seicht

Ich halte an und steige aus
Kein Mensch, kein Auto fährt vorbei
Vorm Kreuze wacht ´ne Stofftiermaus
Ansonsten sieht´s recht einsam aus
Ein Wind weht welkes Laub herbei

Ich lese jene Worte dort
Man ritzte sie ins Holze ein
Was für ein schicksalhafter Ort
Der Regen wischt manch´ Träne fort
Wer mochte wohl der Junge sein

Er war so achtzehn Jahre jung,
Und hatte sicher manchen Traum
In jener Kurve mit viel Schwung
Blieb er nur achtzehn Jahre jung
Blieb er zurück am Straßensaum

Ich streiche übers Kreuz ganz sacht
Es ist vom Regen nass und rau
Die Uhr zeigt abends gegen acht
Sehr lange hab ich nachgedacht
Aus seinem Tod werd ich nicht schlau

Als ich zurück zum Auto geh,
Glaub ich, es winkt mir jemand zu
Noch einmal ich zum Kreuze seh
Und wieder tut's im Herzen weh
Und überall ists trüb, ist Ruh

Ein kleines Kreuz am Straßenrand
Ich fahr davon, es regnet stark
Ich hab den Jungen nicht gekannt
Nur blieb sein Kreuz am Straßenrand
Ich hatte eine gute Fahrt

Drogentod

Ich treff sie dort, wo alles leer
In jener Bronx, am Rand der Zeit
Das Lachen fällt ihr schwer, so schwer
Und machen Traum, den gibt's nicht mehr
So manche Hoffnung scheint so weit

Die Spritze in der rechten Hand
Den Stoff fest in der linken Faust
Ansonsten total abgebrannt
So lehnt sie weinend an der Wand
Ein Dealer um die Ecke saust

Ich frage sie, wie's sonst noch steht
Ist sie alleine oder nicht
Sie sagt, ihr Leben sei verdreht
Für Kind und Mann sei's längst zu spät
Nur manchmal Sex
Jenseits vom Licht

Für zwanzig Dollar irgendwo
Dann reicht's auch für den nächsten Schuss
Sie meint, ihr Leben sei halt so
Für wenig Geld ins Nirgendwo
So sollt es sein wohl bis zum Schluss

Der Regen wäscht die Stufen ab
Auf welche sie ganz plötzlich sinkt
Ich will ihr helfen
Sie winkt ab
Ein kalter Stein, einsames Grab
Hier, wo es nur nach Abfall stinkt

Sie schließt die Augen sanft und lieb
Wie manches Kind, das schlafen will
Was für ein Schicksal sie wohl trieb
An jenen Ort, wo's ewig trüb
Sie liegt nur da und schläft ganz still

Ich sitz bei ihr – *der Mond scheint matt*
Ich wein um sie
Doch sie ist fort
Man holt den Leichnam wortlos ab
Ob sie's im Himmel besser hat
Vielleicht ist's dort ein guter Ort

Es ist schon Nacht, so gegen 3
Ich fahre ins Hotel zurück
In jener Welt, wo alles frei
Hört niemand mehr den stummen Schrei
Den Drogentod, fernab vom Glück

Da spricht ein Pfarrer im TV
Und viele andre nicken brav
Man stellt die Armen dann zur Schau
Und spricht ansonsten klug und schlau
Und legt sich dann zum süßen Schlaf

Ich sah sie dort, wo alles schwer
In jener Bronx
Am Rand der Zeit
Die junge Frau gibt es nicht mehr
Sie starb ganz einsam, wortlos, leer
Es bleibt kaum Hoffnung
Nur noch Leid

Beim Engel

Sturmbewegt sind meine Flügel
Aufwärts zieht mich manch´ ein Sog
Nehm das Leben an die Zügel
Empfang des guten Engels Lob

Hoch da droben scheint mirs heller
Als dort unten auf der Erd
Ach, auch Schreie gellen greller
Meine Seel – noch unbeschwert

Doch dort oben ist´s kein Halten
Ich sink durchs seichte Wolkenmeer
Fall in die Naturgewalten,
Weil ich träge ward und schwer

„Ferner Engel, hol zurück mich
Lass mich nicht vergessen sein
Ich bin gut und auch manierlich
Und ich möcht bei dir wohl sein"

Lange wart ich auf die Antwort
Aber die kommt nimmermehr
Und ich fall behänd aufs Land dort
Gibt es mich schon bald nicht mehr

Doch dann breit ich meine Flügel,
Die schlaff hingen an mir dran,
Kraftvoll aus über dem Hügel,
Der mich nicht mehr bremsen kann

Wie ein Phönix aus der Asche
Kämpf ich mich zum Engel hin
Mit manch' Hoffnung in der Tasche
Such ich wieder meinen Sinn

Und der Engel lächelt lieblich
Wusste wohl, ich kehr zurück
Ich bin stolz und bin manierlich
Bei dem Engel fand ich Glück

Ja, ich weiß nun aus Erfahrung,
Dass ich immer kämpfen muss
Denn umsonst gibt's keine Nahrung
Und auch keinen Engelskuss

Die Herde

Und die Herde, die zieht weiter
Starker Sturm verweht die Spur
Dieser Winter ist nicht heiter
Und die Herde zieht schon weiter
Schreie halln durch Wald und Flur

Manches Kälbchen friert, ist müde
Bleibt vielleicht schon bald zurück
Es ist kalt und es ist trübe
Doch die Herde wird nicht müde
Kämpft voran sich Stück um Stück

Wölfe harren da am Rande
Haben Hunger immerfort
Doch der Herde wird's nicht bange
Sieht die Wölfe da am Rande
Und zieht immer weiter fort

Doch der Sturm wird immer stärker
Schon bleibt manches Kalb zurück
Auch die Wölfe machen Ärger
Und der Schneesturm wird noch stärker
Bis zum See ists noch ein Stück

Nein, die Wölfe wolln nicht jagen
Nehmen schwache Kälbchen sich
Es ist hart in diesen Tagen
Sehr viel Kraft fehlt da zum Jagen
Winterzeit ist fürchterlich

Doch die Herde zieht schon weiter
Nichts hält sie an einem Ort
Ausgemergelt ihre Leiber
Und die Tiere ziehen weiter
Und sind längst schon wieder fort

Durch den Sturm und durch die Lande
Führt ihr Weg von See zu See
Mancher Wolf wacht da am Rande
Tod, Verderben auch im Sande
Und manch Spur verwischt im Schnee

Späte Heimkehr

Es steht ein Haus am Waldesrande
Und es fällt Schnee so weiß und sacht
Gar friedlich liegt dies deutsche Lande
Gar friedlich ist der Tag, die Nacht

Ihr Name ist Frau Martha Krause
Ihr Mann, der Kurt, zog in den Krieg
Nie kam er von der Front nach Hause
Und Martha hofft lang auf den Sieg

So viele Jahre sind vergangen
Der Krieg, das Sterben – alles aus
Sie hat mit Kurt sich gut verstanden
Vor vielen Jahrn in diesem Haus

Sie steht am Fenster, schaut zum Walde
Ob Kurt den Weg zum Haus noch find´
Er wird wohl kommen, ziemlich balde
Und in den Bäumen spielt der Wind

Der Schnee türmt auf sich um das Häuschen
Und Martha wird es ziemlich flau
Vorm Ofen piepst ein kleines Mäuschen
Und draußen wird es kalt und grau

Da stapft durchs wüste Schneegestöber
Ein junger Mann bis vor das Haus
In Uniform und Stiefelleder
Schaut er wie ein Soldat wohl aus

Er starrt zum Fenster und zu Martha
Die schiebt leis die Gardine fort
Sie hat wohl Tränen unterm Haar da
Und beide sprechen nicht ein Wort

Sie nimmt die Feldpostbriefe an sich
Die von der Front ihr Kurt einst schrieb
Und fühlt sich leicht und gar nicht grantig
Und hat den Kurt noch immer lieb

Sie geht hinaus zu jenem Manne
Der küsst sie sacht auf ihre Stirn
Der Schneesturm tobt durchs deutsche Lande
Und kann doch gar nichts mehr zerstörn

Die beiden stapfen bis zum Walde
Und Schnee hüllt sie wien Schleier ein
Kurt war gekommen, ziemlich balde
Und beide wollen endlich heim

Es wacht ein Haus am Waldesrande
Und es fällt Schnee so weich und sacht
Und friedlich ist's im deutschen Lande
Und Martha hat sich aufgemacht

Hoffnung

Wohin du auch immer noch so gehst,
der weite Himmel wird dich überallhin
und gut begleiten
Er zieht sich wie ein Bogen,
egal, wo du auch immer stehst
Ja, er wölbt sich schon seit ur-ewigen Zeiten
Und wird für lange Zeiten über allen Dingen bleiben
Da macht es nichts,
ob du das Ganze irgendwie ein wenig nur verstehst

Wie oft du auch immer so weinst,
die Sonne wird doch immer wieder warm
und recht zufrieden scheinen
Wenn du dann von dem Großen,
was du nicht erreichst, schon träumst
Wenn du am Anfang bist und manchmal doch
ganz nah am Abgrund scheinst
Mein Wunsch wird dich überallhin
und immerzu begleiten
Und irgendwann wirst auch du nicht mehr allein
und einsam bleiben

Wie sehr du auch haderst mit dir
und allen dummen Sorgen
Es wird wohl immer einen Weg
und eine Lösung geben
Werfe nichts weg,
denn es gibt ein Heute
und es gibt ganz sicher eine Hoffnung
Und einen völlig neuen, unverbrauchten Morgen
Nein, dein Lachen und dein Weinen
bleiben mir niemals verborgen
Denn aus alledem besteht dies eine,
unwiederbringlich wundervolle Leben

Der Autist

Er war noch jung, ein Junge noch
Und doch so fremd von dieser Welt
Er schien recht glücklich, immer noch
Und lebte nicht im dunklen Loch
Und war so sanft
Verstand, was zählt

Oft sagte man: *„Der ist verrückt*
Der tickt nicht richtig irgendwo"
Manchmal schien er der Welt entrückt
Man sagte: *„Ach, der ist verrückt*
Der merkt doch nichts, wird niemals froh"

Doch seine Mutter liebte ihn
Auch, wenn er anders war und schwieg
Für sie war er der Lebenssinn
Vielleicht sogar der Hauptgewinn
Er hatte alle Menschen lieb

Denn wenn er lachte, fröhlich war,
Dann schien die Welt, das Glück perfekt
Dann schien fast alles sonnenklar
Und nichts blieb mehr so wie's sonst war
Er war doch klug und aufgeweckt

Jedoch verging die Zeit, die Zeit
Er hat gespürt, man wollt ihn nicht
Er wusste um der Mutter Leid
Da lief er fort, so weit, so weit
Ein sanftes Lächeln im Gesicht

Der Mutter hat er nichts gesagt
Er lief und lief bis an das Meer
Nie hatte er geflucht, geklagt
Und auch der Mutter nichts gesagt
Das Meeresrauschen, ach so schwer

Noch einmal schaute er sich um
Da war niemand am kahlen Strand
Er war ein Junge noch, so jung
Vielleicht verrückt, doch niemals dumm,
Als er vor Gott so einsam stand

Ganz plötzlich rief jemand nach ihm
Dort draußen auf dem weiten Meer
Wer war das nur
Wo lag der Sinn
Er lief ins Wasser einfach hin
Man sah ihn später nimmermehr

„Komm heim, komm heim, du liebes Kind.
Bei mir hier bist Du nie allein.
Dort, wo die Kinder Engel sind,
Wach ich bei Dir, mein liebes Kind.
Komm lass und jetzt zusammen sein."

Die Welt dort draußen war zu kalt
Er wollte nicht mehr draußen sein
Die Tür, die offen einen Spalt,
War plötzlich einfach zugeknallt
In seiner Welt blieb er allein

Er war so jung, ein Junge noch
Nur seine Spur blieb da im Sand
Und leise summt am Strand der Wind
Die Mutter weinte um ihr Kind,
Denn es ergriff wohl Gottes Hand

Fremde

Irgendwo in dunklen Räumen
Sitzen sie und schweigen still
Unter ziemlich dichten Bäumen
Wollen sie nicht reden, träumen
Sehen sie ein einzig´ Ziel

Alle Macht und alle Mächte
Ja, sie kennen alle Welt
Dass es bringt und auch was brächte
Auch Rendite, *keine schlechte*
Doch sie wollen gar kein Geld

Denn seit aberhundert Jahren
Sind sie da, so, wie sie sind
Wo sie werden, wo sie waren
Geht es so, wie sie es sagen
Sie sind Sonne, Wolken, Wind

Sind sie Menschen?
Sind sie Götter?
Jene Fremden bleiben stur
Und es schweigen längst die Spötter
Und es toben alle Wetter
Und die Fremden schweigen nur

Geheimbund

Am schwarzen Tische sitzen sie
In langen Mänteln
Schweigend noch
Im Tempel aller Harmonie
In dunklen Kleidern beten sie
Beschwören Geister tief und hoch

Hier kommt so schnell kein Fremder rein
Ein Schloss aus Stärke zeugt stets davon
Sie müssen sehr verschwiegen sein
Ansonsten bleiben sie allein
Und alle Welt scheint ewger Lohn

Sie sprechen alle Sprachen gut
Sie leiden Leid
Sie machen Macht
Wer hier dabei ist, braucht viel Mut
In jenem Bund ist rein das Blut
Hier lebt der Tag
Hier thront die Nacht

Die großen Tore schließen sich
Der Bund bleibt schweigsam
Und geheim
Verborgen einst
Heut ewiglich
Im Tempel hier, am schwarzen Tisch
Jenseits der Zeit
Im düstern Schein

Lügner

Und sie schreiben immer weiter
Immerzu nur Schund und Dreck
Nein, sie werden nicht gescheiter
Diese Affen, diese Leiber
Und sie werfen Wahrheit weg

Und sie fühlen sich so sicher
Denn man stopft sie voll mit Geld
Nichts kommt mehr in trockne Tücher
Und man leugnet alle Bücher
Und man leugnet diese Welt

Dummheit zieht durch alle Straßen
Hass und Missgunst überall
Wenn der Pöbel schreit durch Gassen
Schweigt man still
Man will es lassen
Wann kommt wohl der große Knall?

Untern Teppich kehrt man alles
Weg ist weg – so sieht man´s nicht
Und im Fall des schlimmsten Falles
Leugnet man ganz schnell mal alles
Knipst man ganz schnell aus das Licht

Zu viel Dreck bringt doch nur Schaden
Darum schreibt man alles „schön"
All die Ketzer soll man jagen
Wie so manchen Satansbraten
Denn man will sie nicht verstehn

Hinter mancher Tüllgardine
Schimpft man heftig, hat man Wut
Doch man scheut dort jede Bühne
Hetzt behänd ins Blaue, Grüne
Bis es schäumt, manch´ Drogenblut

Doch das Volk geht auf die Straße
Überall, weil´s Frieden will
Fort mit allem blinden Hasse
Diesem falschen, dummen Spaße
Wahrheit nur des Menschen Ziel

Provinz-Kaff-Mief
                    kriecht um die Ecken
Man kann sich hier nicht mehr verstecken
Der Mob regiert die ganze Stadt
Hier, wo man nichts zu leben hat

Es blutet hier in allen Gassen
Den Pöbel will man hier nicht fassen
Der Hass regiert, die Dummheit schreit
Man will nur fort von hier – recht weit

Der Suff diktiert hier beinah jeden
Dies üble Nest kann nichts mehr geben
Wer hier noch was vom Leben will
Sollt lieber schweigen – ziemlich still

Verzerrt und fahl hier die Gesichter
Das Böse löscht schnell aus die Lichter
Manch Seilschaft aus längst toter Zeit
Bringt diesem Nest nur Frust und Leid

Der Ort pulsiert im Drogenrausche
Den Schnee bekommt man hier zum Tausche
Wenn alle dicht sind, satt und voll
Grölt aller Mob und fühlt sich toll

Ist primitiv man, kriminell
Kommt in dem Kaff man klar sehr schnell
Denn Bildung, Wissen, Ehrlichkeit
Bringt hier die Leute nicht sehr weit

Doch irgendwann geht's hier zu Ende
Dann stürzen ein die düstern Wände
Dann blutet aus die triste Gegend
Wer kann, rennt weg – wenn's geht noch lebend

Schwarz und Weiß

Schwarz und Weiß
Dies eine Leben
Gibt's ein anderes – *no way*
Schwarz und Weiß
Wohl auch für jeden
Ward nur „Bunt" des Menschen Streben
Ist's nicht gut
Und nicht o.k.

Schwarz und Weiß
Manch' Traum in Nächten
Angst und Freude immerzu
Dass die mir was Gutes brächten
Dass sie mir das Böse ächten
Doch nicht immer ist nur Ruh

Schwarz und Weiß
Es geht nicht ohne
Denn das Leben ist kein Stein
Dass sich alles Dasein lohne
Dass ich mich niemals verschone
Schwarz und Weiß
So soll es sein